Michael Schmidt   BERLIN – Stadtlandschaft und Menschen

Michael Schmidt **BERLIN**

Stadtlandschaft und Menschen

Einführung: Heinz Ohff

STAPP VERLAG BERLIN

Grafische Gestaltung: Rudolf Flämig, Berlin
Gesamtherstellung: Colordruck G. Baucke, Berlin
© Stapp Verlag Wolfgang Stapp, Berlin 1978
ISBN 3-87776-208-5

Für meine Eltern

1. Berlin – die Landschaft

Fotobände über Berlin gab es viele und gibt es viele. Wer eine Stadt, womöglich seine Stadt, in der Erinnerung behalten, als ein zweites visuelles Gedächtnis auf sein Bücherbord stellen oder an die Wand hängen wollte, kaufte früher die Vedouten der reisenden Zeichner und Maler. Sie wurden mit Hilfe der Camera obscura hergestellt, die zwar noch keine Kamera war, aber doch eine Vor- oder Frühform. Daß es solche technischen Hilfsmittel, spätestens seit der Renaissance, wahrscheinlich aber schon viel früher gab, ist von den Kunsthistorikern und, mehr noch, Kunstfreunden, gern übersehen worden. Canaletto und Guardi, die großen Vedoutenmaler, haben die Camera obscura benutzt, auch Vermeer van Delft. Dürer erfand einen eigenen Visierapparat, den auch Holbein verwendet hat. Ein besonders handliches Instrument einer derartigen Spiegelreflexeinrichtung, die Camera lucida, erfreute sich Anfang des 19. Jahrhunderts großer Beliebtheit – man klemmte sie sich ins Auge, und sie warf den Naturausschnitt, vor den man sie hielt, als Lichtreflex auf den Zeichenblock; in Goethes «Wahlverwandtschaften» ist davon die Rede. Das war lange vor der Erfindung der Fotographie. Die Geschichte der naturalistisch vom Abbild direkt übernommenen Landschaft reicht weit zurück, weit jedenfalls über Nièpce, Daguerre, Fox Talbot, Isenring oder wer sonst immer die Fotographie erfunden haben mag, hinaus.

Die Fotographie hat alles sehr viel einfacher gemacht, aber das Prinzip ist dasselbe geblieben. Jemand hält einen Apparat vor ein bestimmtes Motiv und schafft auf diese Weise das Abbild eines

Bruchstücks der Wirklichkeit, die sich in diesem Augenblick abzeichnet. Ob Vedoute oder Foto: andere werden dieses Abbild gern als eigene Gedächtnisstütze erwerben. Und ob es sich dabei um Handwerk oder Kunst handelt, hängt davon ab, ob ein Canaletto an der Camera obscura saß oder ein geschmäcklerischer Epigone. Das gilt ebenso für die Kamera. Die Frage, ob Fotographie Kunst sei, hat sich damit erübrigt. Die Fotographie ist nicht grundsätzlich schon Kunst, das hat sie mit allen anderen Medien gemein. Man kann die Entstehung von, zumindest, etwas Kunstähnlichem aber auch nicht ausschließen, sofern ein Künstler – oder Könner – die Kamera bedient.

Wolfgang Kemp hat kürzlich (in seinem Vorwort zu einer Buchausgabe der Rheinlandschaften von August Sander) die These vertreten, die Fotographie sei geradezu aus der Landschaftsmalerei entstanden. Das klingt überspitzt, ist es wohl auch in dieser apodiktischen Art einer Ausschließlichkeitsbehauptung; aber so ganz unrecht hat Kemp gewiß nicht. Die Sehnsucht oder der utopische Traum der Landschaftsmaler von einer raschen, möglichst naturalistisch exakten Skizze vor der Natur, vielleicht sogar einer kompletten mechanischen Aufzeichnung des Camera-obscura-Bildes, hat bestimmt zur Erfindung der Fotographie beigetragen; sie mit veranlaßt. Daß der Alchimist Johann Heinrich Schulze bei seinen Experimenten schon Ende des 17. Jahrhunderts die wichtige Tatsache herausgefunden hatte, daß Silbernitrate von Licht geschwärzt werden, kann als Zufallsergebnis dankbar in Kauf genommen werden: ohne Zufälle keine großen Erfindungen.

Michael Schmidt ist ein Fotograph, der seine Kamera handhabt wie die Fotographen der Frühzeit, die Landschafts- und Vedouten-Fanatiker. Nièpce belichtete 1826 in Chalon-sur-Saôme eine mit lichtempfindlichem Asphalt überzogene Metallplatte acht Stunden lang; das Resultat war eine Landschaftsaufnahme, dicke Häusermauern mit einem spitzen Kirchturm im Hintergrund, eine Frühfotographie von zwar nicht unbedingt künstlerischer, wohl aber dokumentarischer Qualität. Das Künstlerische und das Dokumentarische sind seither, jedenfalls auf dem Gebiet der Landschaftsfotographie, kaum noch zu trennen. Sie waren es auch vorher nicht, bei der Vedoute, dem Stadtbild.

Schmidt empfindet sich dann auch in erster Linie als Dokumentarist, als eine Art von Merian, freilich ohne vorwiegend topographisches Interesse. Er dokumentiert einen Ausschnitt, einen Teil der Stadtlandschaft so sorgfältig und detailgetreu, daß er für die ganze Stadtansicht stehen kann. Wäre Schmidt Maler, so müßte man ihn dem Trompe-l'oeil, der Kunst der augentäuschenden Illusion, der höchsten Stufe des Naturalismus zuordnen.

Wenn es bei ihm also so etwas wie eine Handschrift gibt, dann liegt sie einzig und allein in der von ihm getroffenen Auswahl aus der Stadtlandschaft. Da haben sich Generationen von Fotographen bemüht, ganz wie die Maler zu einem, zu ihrem speziellen Stil zu gelangen; und nun überläßt sich einer wieder ganz dem Medium, verschmäht all die Tricks und Fisimatenten, die notwendig waren (oder schienen), um der Fotographie «Kunst-Charakter» zu geben. Die beliebten hängenden Zweige im Vordergrund, die wuchtig expressiven Schattenwürfe, die kompositorischen Vorschriften von Vorder-, Mittel- und intergrund, alles fällt weg: sogar der Himmel. Der Himmel ist bei Schmidt immer monochrom grau, oft fast weiß, jedenfalls so gut wie nicht vorhanden. Spektakuläre Wolkenbildungen, die vom Wesentlichen, den Gebäuden, Pflastersteinen, Fensteröffnungen, Reklamen, Bogenlampen, Brücken, Autos, Schornsteinen, Schienensträngen, den Stadtstrukturen also, ablenken könnten, sind – wie alle anderen Ablenkungen und Nebensächlichkeiten auch – eliminiert. Wenn man so will: hier begegnet man dem nackten Berlin, Berlin als Aktbild oder gar als Skelett. Idyllik, gleich welcher Art, ist von diesen Stadtporträts meilenweit entfernt.

Eine solche Einstellung (in beiderlei Wortsinn) kommt dieser Stadt auf überraschende Weise entgegen. Ich will nicht sagen, daß Berlin eine Stadt ohne Idyllen ist – es gibt ja genügend Fotographen (und Bildbände), die sich bemühen, Idyllen jeder Art, nostalgische vor allem, aus dem Stadtbild herauszudestillieren. Es muß sie also geben.

Aber so idyllisch, wie die Postkartenknipser uns weismachen wollen, ist Berlin nun einmal nicht. Wer lange in dieser Stadt lebt, was immer heißt, daß vor der Gewohnheit des Anblicks der pittoreske Reiz verschwindet, dem wird sie am ehesten entgegentreten, wie Schmidt sie uns vorhält: sachlich, nüchtern, spröde – und darin erstaunlich vielfältig. Eine, vom Erscheinungsbild her, neutrale Stadt.

«Die Schwarzweiß-Fotographie», so Schmidt in einem Text, den er 1976 verfaßt hat, «bevorzuge ich, weil sie innerhalb des Mediums auf den Betrachter ein 'Höchstmaß an Neutralität' gewährleistet. Sie reduziert und neutralisiert die farbige Umwelt auf eine nuancierte Grauskala und schließt somit beim Betrachter eine individuelle (farblich geschmackliche) Sehweise aus. Dies hat zur Folge, daß der Betrachter von einem neutralen Standpunkt außerhalb seines subjektiven Farberlebens sich ein objektives Meinungsbild von der Aufnahme machen kann. Er wird emotional nicht abgelenkt.»

Berlin ist tatsächlich eine Stadt, die es fertigbringt, emotional nicht abzulenken, wofür sich eine lange Reihe klassischer Zitate – von Friedrich dem Großen bis Fontane – anführen ließe. Eine schwarzweiße Stadt mit einer höchst nuancierten Grauskala, die sich den meisten erst nach längerem Aufenthalt so ganz erschließt. Die Grau-Palette Berlins scheint unendlich variabel, und selbst wer in Rechnung stellt, daß es in Berlin idyllische Winkel und natürlich auch bisweilen blutrote Sonnenuntergänge gibt wie überall, wird zugestehen müssen, daß sich dieses dominante Grau derart abgestuft wahrscheinlich im Farbfoto nicht adäquat darstellen läßt.

Schmidts Bilder geben, ganz wie das Berlin der Gegenwart, noch einen Abglanz der «Steinernen Stadt». So nannte Werner Hegemann, einer der ersten Urbanisten, sein 1930 erschienenes Buch, das die Geschichte der Mietskasernenstadt Berlin nachzeichnet. Sein Titel wurde zu einem vielgebrauchten Schlagwort: Berlin galt jahrelang, bis 1945, als «Steinerne Stadt» par excellence, wohnten doch damals in London, der größten Stadt der Welt, durchschnittlich acht Menschen in einem Haus, in Chicago 9, in New York, allen Wolkenkratzern zum Trotz, 20, in Paris immerhin 38, in Berlin jedoch 78. «Nach Berlin kommt so leicht keiner zum Vergnügen», zitierte Hegemann schon im Motto den ehemaligen Berliner Generalpolizeidirektor Wilhelm Stieber (1818 – 1882), und auch Fontane, der Berliner Kronzeuge aller Kronzeugen, kam zu Wort: «Alles was hier in Blüte steht, ist Rubrik und Formelwesen, ist Zahl und Schablone, und dazu jene häßliche Armut, die nicht Einfachheit, sondern nur Verschlagenheit und Kümmerlichkeit gebiert.»

Kein schmeichelhaftes, aber doch auch kein rein negatives Bild. Nachteile haben es an sich, auch Vorteile zu beinhalten, als Kehrseite der Medaille. Das steinerne Antlitz der allzu rasch und allzu unpersönlich gewachsenen Stadt hat «Romantik» nie aufkommen lassen, jedenfalls keine falsche. Und daß die echte Romantik hier – jedenfalls, was Deutschland betrifft – zur Blüte gelangte und nirgends anders, ist eine Tatsache, auch wenn sie zutraf, als die Gründerjahre mit ihrem Bau-Boom noch weit in der Zukunft lagen. Gefühligkeit ist bis heute hier wenig oder gar nicht gefragt. Berlin ist erst im Verlaufe des sogenannten Kalten Kriegs durch seine besondere und abgetrennte Situation eine Stadt geworden, der hin und wieder geschmeichelt werden sollte. Empfänglich für Schmeicheleien ist sie nie gewesen und ist sie auch heute noch nicht. Es wohnt hier, Goethe zufolge, jener «verwegene Menschenschlag», der sich mit allem einrichtet und der es eigentlich immer unwirtlich gehabt hat: früher im brandenburgischen Luch und Sand, später im steinernen wilhelminischen Häusergebirge. Der Charme der Stadt, falls sie einen hat, liegt eben darin, daß sie grau ist, steinern und, immer noch und immer wieder, ein bißchen verwegen.

Ich sprach vom Abglanz der «Steinernen Stadt» Hegemanns. Der zweite Weltkrieg hat hier erheblichen Wandel geschaffen – so steinern wie in den zwanziger und dreißiger Jahren ist Berlin nicht mehr. Hinzugetreten sind die Wunden, die eben der zweite Weltkrieg in diese Steinlandschaft geschlagen hat – und neue Steine (oder, moderner: Betonteile), die wir mittlerweile aufeinandergeschichtet haben. Geblieben sind jedoch jene steinern-architektonischen Strukturen, die so wichtig sind für das Gesicht einer Stadt. Sie sind im übrigen Michael Schmidts alleiniges Motiv: Berlin strukturell.

Um was es da geht, läßt sich von jedem einzelnen Foto ablesen. Nehmen wir, um ein Beispiel herauszugreifen, jenes backsteinerne Fabrikgebäude (Abb. 27), das ganz offensichtlich in den zwanziger Jahren entstanden und von den Bomben verschont geblieben ist. Die früher benachbarten Gebäude existieren nicht mehr: links die zertrümmerten Reste der alten Brandmauer künden davon, aber auch die rechts und links im unpersönlichen Zigarrenschachtelstil hinzugefügten Neubauten der fünfziger oder sechziger Jahre. Eine für das Berliner Stadtbild sehr typische Situation: da steht ein großer Kasten, der früher in ein ganzes Environ großer Kästen gehört hat, und der nun vereinzelt, ein Fremdkörper, quasi individuell hervorsticht. Was früher Innenhof war, und sicher rein funktionell geplant, ist jetzt zur Fassade geworden. Zum ohnehin verschieden geformten Backsteinmuster ist Nachkriegsflickwerk getreten wie verharschte Wunden. Und achten Sie auf die Fenster! Sie erscheinen auf den ersten Blick eines wie das andere, seriell einander völlig gleich, aber auf den zweiten Blick gleicht doch kaum eines dem anderen: Zwischenstreben sind im Laufe der Zeit ergänzt und verändert worden, sei es durch den Einbau einer Klimaanlage, sei es nur durch größere Fensterscheiben. Was zunächst beinahe eintönig aussieht, zeigt bei näherem Zusehen eine ungeahnte, gleichsam improvisierte Vielfalt.

Das gilt nicht nur für die Einzelstruktur eines Fabrikationsgebäudes, sondern erst recht dort, wo Schmidt viele solcher Einzelgebäude zu einer Stadtlandschaft, beinahe einer Vedoute im alten Sinn, zusammenfaßt (Abb. 18). Auch bei diesem Blick über die S-Bahn-Geleise mit dem zaghaften Birkenbewuchs hinweg, wird der Blick zurück auf das «Steinerne Berlin» und den zweiten Weltkrieg gelenkt, der es zum guten Teil zerstört hat. Ein Großteil des Panoramas besteht aus ehemaligen Brand- und Hinterhofmauern. Nie war geplant, sie in dieser Weise allgemein sichtbar zu machen. Neubauten, Reparaturarbeiten, behelfsmäßige Gebäudeabschlüsse, alte Innenhofbäume und neueste Reklamemalereien ergeben, zusammen mit den provisorischen Holzbarracken, die neben dem Schienenkörper entstanden sind, ein merkwürdiges Miteinander. Nirgends lagen früher Produktion und Wohnung so nahe beieinander wie in Berlin. Das ist, zum Teil, noch heute so. Obwohl Schmidt nur selten Bewegung in seine Dokumentationen aufnimmt – selbst die Autos werden fast immer im Stehen festgehalten, geparkt oder abgestellt wie der alte Bus auf unserem Beispiel im Mittelgrund –, meint man doch, zumindest die Geräusche zu hören, die diese Stadtlandschaft bestimmen. Da rattern in regelmäßigen Abständen die S-Bahn-Züge vorbei, in größeren Abständen die Züge der Fernbahn. Da kreischen Sägen, da werden Fässer ab- und aufgeladen. Da hört man, auf der anderen Seite der Häuserfront, den Autoverkehr. Ein unregelmäßiges Durcheinander, in dem trotzdem Menschen wohnen, leben, lieben, feiern, sich langweilen, Schicksale haben oder keine Schicksale. Das Unpersönliche, lernen wir aus diesen Fotographien, ist in einer Stadt wie Berlin zugleich das Höchstpersönliche, der Rahmen, das Passepartout, in dem alles nur Erdenkliche geschieht.

Mit modischer Nostalgie hat das nichts zu tun. Schmidt hat Neubauhochhausviertel, wie sie etwa im Märkischen Viertel und der Gropius-Stadt entstanden sind, genauso dargestellt (Abb. 41). Da überragt ein Mittelgebirge aus Betonarchitektur mit seinen anscheinend leblosen Fensterhöhlen, die oft wie Schießscharten aussehen, das einstöckige Gebäude einer Kinderbücherei, die mit Figuren aus den «Peanuts» beklebt worden ist: der rührende Versuch zu intimer Urbanität inmitten von brutalistischen Steinwänden. Man glaubt, den Kinderlärm zu vernehmen, der von den Betonwänden entweder restlos aufgeschluckt oder aber mehrfach hin- und hergeworfen wird.

An dieser Fotographie können wir vielleicht auch ablesen, was in ferner Zukunft an ihr zusätzlich interessant werden mag, nämlich die Dokumentation heutiger, das heißt, von einem zukünftigen Standpunkt aus vergangener Zeitverhältnisse und Gegebenheiten. Es gehört zum Reiz alter Fotographien, daß sie uns Mode und Geschmack, Straßenbild und Stadtansicht vergangener Tage authentisch vor Augen halten, und das getreu bis ins geringste Detail.

Das Detail wird dem Nachfahren sogar besonders wichtig. So wird in dieser Aufnahme, naturgetreu bis ins Detail, und das gleichsam vorgeplant, eine Unmenge von Information ins Bild gebannt und überliefert: wie, zum Beispiel, in den siebziger Jahren Fußgängerübergänge und ihre Ampeln aussahen, welche Wagentypen man fuhr, wie die kümmerlichen Zwergbaumanlagen in den ausgepflasterten Zwischenräumen der Hochhäuser gestaltet waren, welche Form die Kunststoffpapierkörbe hatten und die Rufsäulen der Polizei. Was dem Zeitgenossen noch selbstverständlich scheint und gar nichts besonderes, weil er es aus dem Alltag kennt, wird von derartigen Bilddokumenten gewissenhaft archiviert. Die Fotographie als Alltagsgedächtnis der Mitwelt: auch das war etwas, was die frühen Fotographen und Vedoutenzeichner als ihre selbstverständliche Aufgabe ansahen. Schmidt hat sie wieder aufgegriffen — er findet sie wichtiger, als aus der Fotographie eine eigenständige «Kunst» zu machen. Wahrscheinlich ist sie sogar umso mehr Kunst, desto intensiver sie eine derartige Aufgabe wahrnimmt. Sie richtet sich dabei keineswegs ausschließlich auf die Zukunft. Auch wir selbst profitieren davon, wenn wir diese Bilder Detail um Detail betrachten, wir gewinnen ein bewußteres Verhältnis zu unserer derzeitigen Umwelt. Wir lernen wieder zu sehen.

Das gilt für alle der in diesem Buch versammelten Stadtlandschaften. Wie lange wird es (Abb. 23) etwa noch solche Abwrackplätze für Holzkähne auf Havel oder Spree geben, in denen sich eine frühindustrielle Vergangenheit mit jener Schrebergärtenmentalität mischt, die zu ihrer Zeit eine der wenigen Fluchtmöglichkeiten aus der «Steinernen Stadt» boten? Da sind die Fabrikschornsteine, die Kohlenstapelfelder, die durch Erosion wieder ans Tageslicht getretenen alten Mauerinschriften (Abb. 24); da ist der Schnellimbiß nahe dem Fabriktor mit seinem Geruch nach Bulettenfett und jenen Anschlägen, Plakaten, Bierreklamen, Preistafeln (Abb. 31), die sonntags so besonders triste und verlassen wirken. Das alles ist nicht für die Ewigkeit gebaut. Und schon in einem oder zwei Jahrzehnten wird sich das unordentliche, dennoch auf seine Weise seltsam faszinierende Mit- und Durcheinander von Alt- und Neubebauung (Abb. 20) kaum noch finden lassen. Grund genug, es mit den Mitteln der Fotographie dokumentarisch festzuhalten. Grund genug aber auch, es heute mit Aufmerksamkeit zu betrachten: unsere Umwelt, das ungeschönte Bild der Stadt, in der wir leben.

Daß es sich in diesem Fall um Berlin handelt, wird jeder, der Berlin kennt, auf den ersten Blick begreifen. Dabei hält Schmidt dieses Berlin weniger unter stadthistorischen Gesichtspunkten fest als unter allgemeingültigen: eine Stadt als Beispiel.

Menschen bauen sie auf, aus Steinen, Tausende von Stadtplanern, Architekten, Ingenieuren, Maurern, Handwerkern sind daran beteiligt. Und trotz solcher Planung entsteht immer wieder so etwas wie ein lebendiges Chaos. Dieses Chaos gilt es wieder zu beseitigen, durch Neuplanung, durch Straßen- und Schienengleisbau, durch Abriß und ganze neue Stadtteile, die aus dem Boden zu schießen scheinen: ein ewiges Hin und Her, verflochten mit den politischen, ökonomischen und technischen Verhältnissen der jeweils Planenden, mit ihren guten und bösen Vorsätzen, Engagements, Träumen. Eine Stadt im steten Wechsel, kein statisch festgefügtes Gebilde, sondern ein Organismus, der sich ständig verändern muß, wenn er lebendig bleiben will. Am Beispiel Berlins wird dies alles von Michael Schmidt beispielhaft dokumentiert, sachlich, nüchtern, und doch mit tausend Geschichten im Hintergrund, die sich in und hinter dieser Kulisse zutragen könnten und gewöhnlich auch zutragen.

18

20

21

24

27

28

34

44

48

2 Berlin – die Menschen

Der These, die Fotographie sei aus der Landschaftsmalerei entstanden, ließe sich eine andere mit gleich großer Berechtigung gegenüberstellen: die Fotographie, könnte man behaupten, ist aus der Porträtmalerei entstanden. Die frühen Daguerretypien gehören zu den eindringlichsten Menschendarstellungen, die es – gemalt oder fotographiert – überhaupt gibt.

Freilich: der Unterschied dürfte geringer sein, als man denkt. Der Mensch hat sich und besonders sein Gesicht wohl immer als Landschaft begriffen, als einen Teil der Natur. Die ersten Groß-Leistungen der Fotographie sind dann auch (Julia Margaret Cameron, Lewis Carroll, Octavio Hill) auf dem Gebiet des Porträts entstanden. «Wo die Landschaftsmalerei ihren Sinn nicht in der Dokumentation einer topographischen Einzelheit, sondern im farbigen Abglanz der Natur sah», heißt es bei Otto Stelzer im Hinblick auf das 19. Jahrhundert, «mußte sie von der Fotographie unbehelligt bleiben; ihr fehlte die Farbe. . . Die Farbe erwies sich im Porträt in der Tat am ehesten entbehrlich; sie wurde vom Betrachter ohne Schwierigkeit 'hinzu-erinnert' – wie dies ja auch in der Porträtbüste des Bildhauers der Fall ist, bei der sie wurde vom Betrachter ohne Schwierigkeit 'hinzu-erinnert' – wie dies ja auch in der Porträtbüste des Bildhauers der Fall ist, bei der noch niemand je die Farbe vermißt hat. Wer darum als Fotograph die Ambition hatte, dem Maler so wenig als möglich nachzustehen, wurde Porträtfotograph.»

Diese Ambition hat Michael Schmidt nicht, im Gegenteil. Zwar hat Leibl gesagt, wenn man das Sichtbare restlos wiedergäbe, «dann sei die Seele ohnehin dabei»: das oft zitierte Glaubensbekenntnis realistischer Porträtmaler und Fotographen. Aber auf die Seele kommt es Schmidt – im Unterschied zu den Früh-Fotographen, mit deren Landschaftsauffassung er soviel Gemeinsames hat – nicht an. Um es überspitzt zu sagen und das Problem dadurch abzugrenzen: er fotographiert nicht eigentlich Menschen, er fotographiert Leute.

Das ist weniger abschätzig gemeint, als es klingt. Ein jeder von uns, Großstadtmensch, wird in der Masse zu einem Stück anonymer Zufallsgemeinschaft, das ihn jeglicher Individualität enthebt. Wir sind alle Menschen, wir sind alle Leute.

Schmidt dokumentiert nicht die Schokoladenseite unserer Existenz, nicht die Seele, das Porträt, die Geschichtslandschaft; er beschränkt sich auf jenen Teil des Berliners, den man auf der Straße trifft, ohne ihm zu begegnen. Da prägt sich auf den ersten Blick wenig ein, bleibt alles mehr oder weniger belanglos: Passanten, wie uns tagtäglich Hunderte begegnen, denen wir wiederum ein Passant unter hunderten bleiben.

Dem Berliner kommt auch diese Art des Blicks entgegen. «Der Berliner», sagt Fontane, «ist als Norddeutscher seiner Natur nach Realist». Es hat sich keiner mehr mit dem Volkscharakter dieser Stadt befaßt als er, der nun schon klassische Chronist der Mark Brandenburg und ihrer größten Stadt, die dann eine Weile Deutschlands Hauptstadt war, und es (im einen Deutschland sogar quasi offiziell, im anderen mehr auf heimliche Weise) geblieben ist.

Fontane stand übrigens dem Märker und dem Berliner nicht so unkritisch gegenüber, wie es uns viele Anthologien weismachen wollen. Der Volksstamm, der «keinen Ketzer verbrannt, aber auch freilich keinen Heiligen geboren hat», ist ihm, dem scharfen Beobachter, immer ein bißchen unheimlich vorgekommen. Auf der Aktiva-Seite verzeichnet er «das Pflichtgefühl, ihren Lerntrieb, ihren Ordnungssinn, ihre Sparsamkeit». Dem stehen jedoch erkleckliche Passiva gegenüber, denn «im übrigen sind sie neidisch, schabernackisch und engherzig und haben in hervorragender Weise den ridikülen Zug, alles, was sie besitzen oder leisten, für etwas ganz Ungeheures anzusehen». Seine Quintessenz: «tüchtige, aber eingeengte Leute».

Das müssen wir wohl akzeptieren, auch wenn wir den Berliner Fontane gegenüber gern verteidigen möchten. Er hat das übrigens selbst – und im gleichen Aufsatz, «Die Märker und die Berliner», im «Wanderungen»-Band «Fünf Schlösser» enthalten – getan, indem er darauf verwies, daß in einer solchen menschlichen Landschaft nicht nur «die zu Spießbürgern umgemodelten friderizianischen Grenadiere» gediehen, «die den Berliner Raisonnier-Charakter» ausmachen, sondern auch – eine jede Medaille hat ihre Kehrseite – die Liberalität, die den Hugenotten Spielraum zur Assimilation gab und die mit Lessings «Nathan» das schuf, «was man den berlinisch-jüdischen Geist nennen kann». Mit anderen Worten: Berlin, so «neidisch, schabernackisch und engherzig» die Menschen oder die Leute sein mögen, ist auch ein, ist das Pflaster der Aufklärung. Es gilt hier jeder gleich, auch wenn dadurch vielleicht etwas auf einen minderen Nenner gebracht werden mag als anderswo. Mit noch anderen Worten: gewisse unverkennbare Nivellierungserscheinungen tragen doch so etwas wie demokratischen Charakter. Und was einst – und übrigens auch damals unter Schwierigkeiten, die sich zwei, drei Generationen hinzogen – mit den Hugenotten geschah, der Einbezug nach anfänglichem Widerstand, das könnte heute wieder geschehen mit den ausländischen Gastarbeitern, den Türken besonders, die schon einen Gutteil Kreuzbergs mehr oder weniger fest in Besitz genommen haben. Schmidt behandelt sie zu recht bereits als Mitbürger. Die schwarzhaarigen Kinder im Zille-Milieu tragen zwar einen orientalischen Zug ins Straßenbild, sie sehen aber längst nicht mehr viel anders aus als die Berliner Rangen – etwa die berühmtesten unter ihnen, die sprichwörtlichen Schusterjungen – immer ausgesehen haben: breitbeinig verspielt, in einer Mischung aus Aggressivität und

Schlagfertigkeit. Die Mütter, die mit ihren bunten Kopftüchern sonntags im Volkspark auf dem Rasen zusammenglucken, haben es da schon schwieriger; aber auch ihnen kommt eine Funktion zu, die Frauen in Berlin immer gehabt haben, nämlich Bindeglied zu sein von der dörflichen zur großstädtischen Existenz.

Da sind wir schon mitten drin in all den Leuten, die Michael Schmidt, jetzt flinker als in seinen Stadtlandschaften, aber mit nicht weniger Sinn für das wichtige Detail, festgehalten hat.

Das heißt: es geht ihm dabei zwar um Menschen, Leute, Berliner, Gastarbeiter, Touristen, um das Straßenbild, aber auch wenn es längst zum Schlagwort geworden ist, gegen das mancher allergisch reagiert: er fotographiert in Wirklichkeit die Gesellschaft. Wieder sind es die Strukturen, die ihn interessieren, diesmal die menschlichen, sozialen, gesellschaftlichen. Wer sich später einmal kulturhistorisch speziell mit unserer Gegenwart befassen will, kann über den Zustand unserer Gesellschaft anhand dieser Bilder wahrscheinlich mehr Aufschluß gewinnen als durch trockene Statistiken und überlieferte Texte.

Fast immer gelingt es Schmidt, so etwas wie ein strukturelles Dreieck einzufangen. Da sind, zum Beispiel, auf einem Platz, wahrscheinlich in Kreuzberg und aus Anlaß irgendeiner volksfestartigen Gelegenheit (Abb. 77), die Jugendlichen, die sich in lockeren Gruppen versammelt haben. Der Masse von jungen Männern, die vom kleinen Türken bis zum bereits erwachsenen Teen oder Twen der Höheren Schule reicht, stehen, wie ausgesondert, zwei einzelne junge Mädchen gegenüber. Das heißt: sie stehen ihnen nicht eigentlich gegenüber: wie die Männer tun, als kümmerten die Mädchen sie wenig, haben sich diese – kess die eine, scheu die andere – abgewandt. Das Mädchen mit den hautengen Jeanshosen und dem ebenso straffen Pulli trägt ihre junge Weiblichkeit auf schüchterne Weise provozierend zur Schau. Die andere, ein eher intellektueller

Typ, verbirgt sie dagegen bewußt hinter einem nostalgisch-modischen Großmutter-Look. Unwohl fühlen sich alle beide vor dem Haufen abwartender Männlichkeit, die eben erste Züge von Aggressivität zu zeigen beginnt. Jugend in Berlin, das Verhältnis zwischen beiden Geschlechtern in der Öffentlichkeit (freier als früher, aber in sich nicht weniger verklemmt) – wie ließe es sich auch in den leisen Tönen so deutlich ausdrücken und doch ohne jede Penetranz? Zweifellos: ein aufschlußreiches Zeitdokument.

Ganz anders die drei Ebenen beim Sonntagsspaziergang im Schloßpark Charlottenburg. Der Park mit Kiesweg, Lindenallee, Rasenfläche und darauf abgestellter Zimmerpalme wird zu einer Aktionsfläche. Zwei Generationen treten auf, die ältere, die sich rechts zusammenballt, die jüngere, die von links skeptisch in die Zukunft (oder die Linse der Kamera) blickt.

In einem Vorwort, das Karl Pawek einem Ausstellungskatalog 1975 in der Berliner Galerie Springer beigab, lese ich: «Die Fotografie ist erfunden worden, damit die Dinge sich selbst darstellen.»

Das Wort dürfte Schmidt aus dem Herzen gesprochen sein. Er wäre allerdings kein so guter Fotograph, wie er tatsächlich ist, wenn sich nicht doch in seine Bilder kompositorische Elemente einschlichen. Gewiß beläßt er den Dingen mehr Spielraum, sich selbst darzustellen, als es Fotographen sonst zu tun pflegen, aber gerade dieser Charlottenburger Parkspaziergang zeigt eine Bildeinteilung, eine Bild-Ökonomie wie in einer guten Grafik. Drei Dreicke ließen sich über das Gefüge aus Landschaft und Figuren legen, von links nach rechts würden sie enthalten: den Park, die Gruppe junger Damen, die älteren Ehepaare.

Da man Bilder, auch Fotographien, nie nur als reine Abbildungen betrachten sollte, empfiehlt sich die Dreiecksmethode bei Schmidt überhaupt, auch wenn sie nicht überall so plausibel eingebracht werden kann wie bei dem erwähnten Beispiel. Die Touristen, die –

gelangweilt oder interessiert – einem Führer oder Erklärer zu lauschen scheinen, sind nach einer ähnlichen Bildordnung eingefangen, eine linke Gruppe mit zwei gleichaltrigen Mädchen, die sich ostentativ dem offenbar eben erklärten Objekt zuwendet, einem «Mittelfeld» aus Halb- oder Teilinteressierten und einer etwas selbstgefällig vor sich hinlächelnden Dame rechts, die ihr Fotographiergesicht aufsetzt. Hier wird auch (Abb. 81) klar, daß es sich nicht ausschließlich um ein Prinzip des Bildaufbaus handelt, sondern um eine psychologische Methode der Menschendarstellung: die Masse besteht aus Individuen, selbst, zum Beispiel, im Bier-Salon-Bild mit den gelangweilten oder ermüdeten Straßenbummlern (Abb. 74) oder dem Gruppenbild auf der Terrasse, (Abb. 78) das die Pause eines Konzerts oder eines Lehrgangs sein könnte, der Augenblick, in dem aus Publikum oder anonymer Teilnehmerschaft sich wieder, wenn auch zu kleinen Grüppchen versammelt, der Einzelmensch kristallisiert.

Der Einzelmensch, allein oder zu zweit, ist ein weiteres Thema, dem Schmidt häufig sogar eine Bildserie widmet. Der Masse, lernen wir, kann man zur Not in einem einzigen Bild, mit einem einzigen Kompositionsschema gerecht werden – dem Individuum nicht. Die Verkäuferin am Fischstand (Abb. 66) gewinnt Charakter erst durch ihr wechselndes Mienen- und Gestenspiel, das beinahe wie mit einer Filmkamera fortlaufend eingefangen und in «Standfotos» festgehalten wird. Nach diesem Beispiel sollte man auch bei den anderen Einzelporträts verfahren, es als ein Gleichnis nehmen und versuchen, die Menschen, von denen Schmidt nur eine einzige Aufnahme vorlegt, den selbstbewußt posierenden Bierfahrer etwa, die hübsche Passantin im Herbstwald oder den Zigarettenreklamemann auf dem Kurfürstendamm (Abb. 69 ff) von sich aus fortzusetzen. Schmidt verlockt dazu, seine Bilder als Anfang eines Films zu sehen, als Bilder mit imaginärer Fortsetzung, die der Phantasie und dem erwachten Interesse für die dargestellte Person überlassen bleibt. Die Fotographien, die auf den ersten Blick so herb und wenig menschenfreundlich scheinen, sind in Wirklichkeit ungemein human; sie lenken unsere Aufmerksamkeit (und dadurch unsere Sympathie) auf die Zufallsbegegnung im Großstadtalltag. Es handelt sich um lauter Berliner Situationen. Setzt man sie, Mosaikstein an Mosaikstein, zusammen, ergibt sich ein durchaus realistisches Gesamtbild der conditio humana in dieser Stadt.

Dabei scheut Schmidt auch nicht vor herkömmlichen Posen zurück. Das Mannequin, das vor einer Stadtparkkulisse im Sonnenschein abgelichtet wird, aber auch das Kleinbürgerehepaar, das – ein bißchen stolz, ein bißchen verlegen – vor seinem gepflegten Grundbesitz mit Hollywoodschaukel posiert, hat man schon oft gesehen, in der Hauptsache wohl in Aufnahmen von Amateurknipsern. Ein arbeitender Berufsfotograph und das Ganzporträt von Vater, Mutter, Tante, Onkel nebst kleinem Häuschen sind zwei Lieblingsmotive von Laien mit gehobenem Anspruch und besserer Fotoausrüstung.

Nun ist Schmidt zwar nicht der erste, der auf dieses Motivarsenal zurückgreift. Wir haben es uns angewöhnt, die unbekümmerte Knipserei der Zeitgenossen ähnlich zu betrachten wie die naive Malerei, als eine Art von Kraft- oder Kreativitätsreservoir, aus dem auch bisweilen alterfahrene Künstler schöpfen – Musterbeispiel: Dubuffet. Der Vergleich hinkt ein bißchen, wie alle Vergleiche. Aber am Ende wird in diesen Fotos eine naive und schematische, seit Generationen eingebürgerte Pose nahtloser integriert als sonst gewöhnlich der Fall. Bei Schmidt wirkt sie so ganz und gar nicht maniriert – er führt das Schema wieder zurück auf den Ursprung (ähnlich, wie er es mit der Landschaft getan hat): das Bild des älteren Ehepaars im Garten erinnert uns nur zur Hälfte an einen Schnappschuß, dazu ist es auch handwerklich viel zu perfekt in allen Details – Rosenbusch, Trauerweide, im Hintergrund das viele Do-it-yourself-Material – erfaßt. Zum anderen hat die Fotographie etwas von der alten Daguerreotypie in ihrer Einfachheit, Sachlichkeit, in ihrem gleichsam liebevollen Realismus behalten oder wieder aufgegriffen.

Der Großstädter, in diesem Fall der Berliner mit (Fontane) «Pflichtgefühl, Lerntrieb, Ordnungssinn, Sparsamkeit», steckt sich vom Lebensraum, der für ihn übriggeblieben ist, seinen Claim ab, und wie er das heutzutage tut und tat, wird in späteren Jahren wahrscheinlich immer definitiver als ein Dokument betrachtet werden. Da sind die Camping-Leute mit ihrer perfekten Ausrüstung: Wohnwagen, Wohnzelt, eigenem Rasen nebst Blumenschale und gedecktem Freilufttisch – stolze Haus- und Grundbesitzer auf Zeit mit dem Selbstbewußtsein des Besitzenden (Abb. 87) und der Geste des «Hast du was, dann bist du was». Kein soziologischer Text könnte besser die Rolle umreißen und überliefern, die Besitz (und welcher Besitz) in unseren Tagen spielt oder spielte. Das Bild läßt sich übrigens wiederum in drei imaginäre Dreiecke zerlegen, Schmidts liebstes Kompositionsprinzip: links die Masse der Autos und Wohnwagen, in der Mitte die großzügig ausgebreitete (und einklappbare) Gruppe behaglicher Gartenmöbel, rechts die beiden Menschen, die so ihr Leben, ihre Erholung, Entspannung, ihr Sozialprestige aus- und einrichten.

Nach einem ähnlichen Prinzip ist das Bild mit den älteren Damen im frühherbstlichen Park gebaut. Da findet sich (Abb. 90) eine Dreiergruppe auf einer Bank, vereinzelt daneben eine Frau, die nicht in diesen Freundeskreis gehört (aber sicher gern dazugehören würde). Verbindung zwischen ihnen bildet ein Hund, ein Bastard von irgendwie typisch Berliner Provenienz, den sowohl zwei Damen der Gruppe als auch die einzelne liebevoll lächelnd betrachten. Er könnte zum Anknüpfungspunkt für ein erstes Gespräch werden, zum Versuch, Einsamkeit zu überwinden. Pathetisch gesprochen: hier erscheint die Problematik der Alleingebliebenen in einer großen Stadt, ihre Ausweglosigkeit und ihr Auswegversuch, ebenso überzeugend und fast leitartikelhaft klar ins Bild gebracht wie die Dreieinigkeit der Außenseiterfamilie aus Jugoslawien oder der Türkei, Kind, Vater, Mutter mit Jüngstem (Abb. 88) ihre gesellschaftliche Abseits-Situation ungewollt, vom Fotographen aber doch wohl vorgeplant, der Kamera eindeutig demonstriert. Die Dinge, auch die seelischen, gesellschaftlichen, sozialen, stellen sich selbst dar. Wir müssen Paweks Ausspruch weiter fassen, als es im ersten Augenblick möglich scheint. Der Ausspruch bezieht sich auch und wohl sogar vor allem auf den Hintergrund der Dinge. Erst wenn er im Bild zum Ausdruck kommt, wird der Naturalismus, den jede Linse reproduziert, zum Realismus, zur wirklichen Wiedergabe des tatsächlich Vorhandenen.

Die Deutung bleibt — wie bei allem, was wir Kunst nennen — dem Betrachter überlassen. Letztlich handelt es sich bei allen diesen Aufnahmen menschlicher Situationen eben doch um keine Leitartikel, sondern um Essays. Essays unterscheiden sich von Leitartikeln durch ihre Ambivalenz: sie sehen die Tatsachen unter der stillschweigenden Voraussetzung mehrfacher Deutungsmöglichkeit.

In diesem Sinn handelt es sich bei diesem Buch insgesamt um einen Essay über Berlin, die Stadt-Landschaft und die Menschen. Man liest ihn in Bildern — keine einfache Reportage, sondern sichtbar gemachte Mehrschichtigkeit. Erst viele Aspekte ergeben ein realistisches Bild. Nur wenn sich viele Aspekte in einer Fotographie überschneiden, läßt sie sich «Kunst» an die Seite setzen, wie es schon Zille getan hat, der ein großer Zeichner und ein ebenso großer Fotograph war.

1890 erschien in den USA das Buch eines Fotoreporters. Es hieß «How The Other Half Lives» (Wie die andere Hälfte lebt). Der aus Dänemark emigrierte Jacob A. Riis nahm darin den Kampf gegen die Slums in den großen amerikanischen Städten auf, und seine Dokumentation führte zu Reformen in der Gesetzgebung des neuen Kontinents (sowie zur Freundschaft mit dem damaligen Präsidenten Theodore A. Roosevelt).

Ein bißchen von diesem sozialkritischen Impetus wird auch hier spürbar. Die «andere Hälfte» lebt heute anders, als «schweigende Mehrheit» in bescheidenem Wohlstand, aber auch immer noch und immer wieder als «Underdog» in realen oder geistigen Slums. Fotographie kämpft, unter anderem, gegen die Grenzen, die sich Menschen selbst ziehen und denen sie dann nur schwer wieder entrinnen. Sie kann mithelfen, diese Grenzen zu erkennen, und wenn sie eine allgemeingültige Aufgabe hat, dann diese.

Wo sich «Dinge von selbst» darstellen, können sie auch überwunden werden. Dies allerdings niemals von selbst. Aufklärung, wie sie jede gute Fotographie betreibt, ist immer ein Appell an unsere persönliche und gesellschaftliche Verantwortung, vielleicht sogar Aktivität.

Verwendete Literatur:

Otto Stelzer: Kunst und Photographie, München, 1966

Wolfgang Kemp: Vorwort zu August Sander – Rheinlandschaften, München, 1975

Otto Steinert: Vorwort zu Jacob A. Riis, Katalog Museum Folkwang, Essen, 1972

Karl Pawek: Totale Photographie, Olten, 1960

Karl Pawek: Vorwort zu Michael Schmidt-Ausstellung, Katalog Galerie Springer, Berlin, 1975

Werner Hegemann: Das steinerne Berlin, Nachdruck der Ausgabe von 1930, Berlin, Bauwelt-Fundament 3, 1963

Theodor Fontane: Wanderungen durch die Mark Brandenburg, Band «Die Grafschaft Neuruppin» («Am Ruppiner See»), Band «Havelland» («Gütergotz») und «Fünf Schlösser» («Die Märker und die Berliner»), zitiert nach Neuausgabe von Walter Keitel, Berlin 1974.

64

82

Stadtlandschaft

Menschen

Michael Schmidt

geb. 1945 in Berlin
lebt und arbeitet als freier Fotograf in Berlin
als Fotograf Autodidakt
Lehrer für Fotografie an der PH Berlin – und 1976/77 Initiator
und Leiter der „Werkstatt für Fotografie der VHS Kreuzberg"

Einzelveröffentlichungen
Bildband Berlin-Kreuzberg 1973
Michael Schmidt Photographien 1975

Einzelausstellungen
1973 Berlin-Museum
1975 Galerie Springer Berlin
1977 Landesbildstelle Hamburg
73/75 div. Ausstellungen zu auftragsgebundenen Themen
aus dem Sozialbereich

Bilder in öffentlichen Sammlungen
Bibliothéque Nationale, Paris
Muséé d'Art et d'Histoire, Fribourg/Suisse

Alle Aufnahmen entstanden in den Jahren 1972–1976

Technische Angaben:
Kleinbildkamera – auch als Großformatkamera